# Afuera de mi casa

HOUGHTON MIFFLIN

BOSTON

Printed in the U.S.A.

ISBN 10:      0-54-728823-9
ISBN 13:      978-0-54-728823-9


3456789 0868 18 17 16 15 14 13 12 11 10
4500229821

# Contenido

# Vente conmigo

por Olga Duque Díaz

Es un animalito bebé.

—Vente conmigo, Bebé
—lo anima su mamá.

Es un animalito bebé.

—Vente conmigo, Bebé
—lo anima su mamá.

# Luli

por Olga Duque Díaz

ilustrado por Judith Lanfredi

¡Luli!   ¡Luli!   ¡Luli!

¡Luli! ¡Luli! ¡Luli!
Vente conmigo, Luli.

¡Veo a Luli!

Le paso la mano.
Luli, Luli, Luli.

# Oso mimoso

por Olga Duque Díaz

Veo a Fefo, un oso solo.

Veo un oso mimoso.

9

Veo a Felipe con su osito.

A Felipe le gusta su osito.

Veo a Fifi, una osa fina.

Veo una osa mimosa.

Mimo a mi osito, Felo.
¿A ti te gusta Felo?

12

# Así, así

por Cara Blanco

ilustrado por Holli Conger

A Felipe le gusta solo.

Así, así.

13

A Fefa le gusta sola.

Así, así.

A Fefa le gusta con Felipe.
Así, así.

Mi camisa es bonita.
Así, así.

# ¿Y tú?

por Olga Duque Díaz
ilustrado por Shari Halpern

Roni mima a su felina.  ¿Y tú?

17

Rosa mima a Misu. Lo adora.

Rosa le pasa la mano.  ¿Y tú?

Rita mira a su perrito Rolo.
Rolo corre y reposa.  ¿Y tú?

¡Te veo, Rafa!

¿Qué le gusta a Rafa?

# ¡Písalo y pásalo, Roli!

por Olga Duque Díaz

ilustrado por
Hideko Takahashi

Veo una cosa.

Písala tú, Roli.

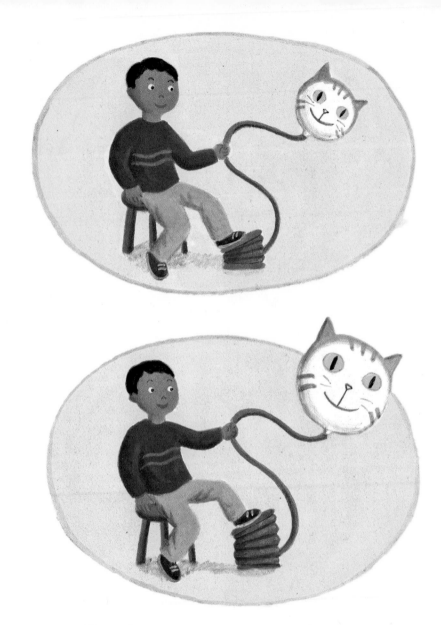

¿Qué veo? Tiene orejas.

¡Písalo, písalo, Roli!

¡Veo a Renato!

¡Qué risa!

¡Písalo, písalo, Roli!

El felino sube y sube.

Todos miran para arriba.

¡Pásalo, pásalo, Roli!

# Una foto

por Olga Duque Díaz

¿Una foto?

Gali usa una pala de juguete.

¿Una foto?

Rigo da una patada.

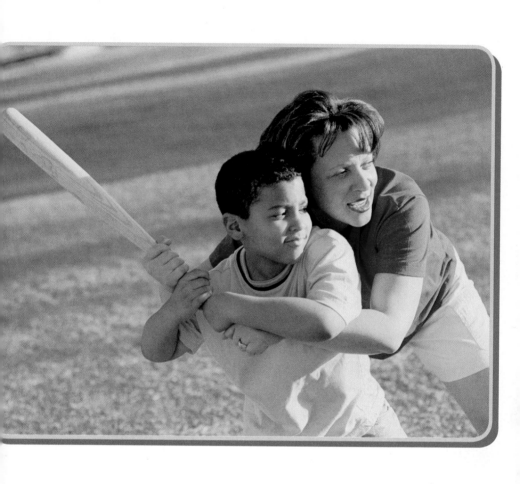

¿Una foto?

Tego usa el bate. Su mamá lo guía.

Ahora toca un reposo.
¿Una foto?  Ágata y su
amigo se quedan así.

# Dale, dale, dale

por Olga Duque Díaz

ilustrado por
John Ceballos

Gabi toma un bate.
Dale, dale, dale.

29

Dale ahora a la pelota.
Dale, dale, dale.

Tego enseguida agarra la pelota. Dale, dale, dale.

¿Cómo quedan ahora?

Uno a uno. ¡Qué fabuloso!

# Dino, el gatito

por Olga Duque Díaz
ilustrado por Bari Weissmann

—¿Qué te gusta, Dani?
—Me gusta mi gatito.

33

Dani se anima con Dino.

Se quedan así un rato.

Dani lo mima con un abanico.

A Dani le da risa.

—¡Ahora vente conmigo, Dino!
¡Sí, tú! —Dina lo anima.

# Dodó, Dudú y Dadá

por Olga Duque Díaz

ilustrado por Fahimeh Amiri

Dodó sale solo.

Su amigo Dudú se asoma.

—¡Sube conmigo, Dudú!
Dame la mano, mi amigo.
Dudú se sube con Dodó.

Su amiga Dadá se asoma.

¡Qué bonita!

—¡Vente ahora tú, Dadá!

Dodó, Dudú y Dadá
se quedan así.

# Listas de palabras

## Vente conmigo

página 1

### Palabras decodificables
Destreza clave: *Sílabas abiertas con l /l/*
animalito, lo

Palabras con destrezas enseñadas anteriormente
anima, bebé, mamá, su

### Palabras de uso frecuente
Nuevas
conmigo, vente

Enseñada anteriormente
un

## Luli

página 5

### Palabras decodificables
Destreza clave: *Sílabas abiertas con l /l/*
la, le, Luli

Palabras con destrezas enseñadas anteriormente
mano, paso

### Palabras de uso frecuente
Nuevas
conmigo, vente

Enseñadas anteriormente
a, veo

# Oso mimoso

página 9

## Palabras decodificables

Destreza clave: *Sílabas abiertas con f /f/*

Felipe, Felo

Palabras con destrezas enseñadas anteriormente

le, osito, oso, solo, su, te, ti

## Palabras de uso frecuente

Nuevas

con, mi

Enseñadas anteriormente

a, gusta

---

# Así, así

página 13

## Palabras decodificables

Destreza clave: *Sílabas abiertas con f /f/*

Fefa, Felipe

Palabras con destrezas enseñadas anteriormente

así, bonita, camisa, le, mi, sola, solo

## Palabras de uso frecuente

Nuevas

con, mi

Enseñadas anteriormente

a, gusta

## ¿Y tú?

página 17

### Palabras decodificables

Destreza clave: *Sílabas abiertas con r /r/ inicial*

adora, mira, Rafa, Rino, Rita, Rolo, Rosa

Palabras con destrezas enseñadas anteriormente

la, le, mano, mima, Misu, pasa, su

### Palabras de uso frecuente

Nuevas
qué, tú

Enseñadas anteriormente
a, gusta

## ¡Písalo y pásalo, Roli!

página 21

### Palabras decodificables

Destreza clave: *Sílabas abiertas con r /r/ inicial*

miran, orejas, para, Renato, risa, Roli

Palabras con destrezas enseñadas anteriormente

cosa, felino, pásalo, písala, písalo, sube

### Palabras de uso frecuente

Nuevas
qué, tú

Enseñadas anteriormente
el, una, veo, y

## Una foto

página 25

### Palabras decodificables

Destreza clave: *Sílabas abiertas con g /g/*

Ágata, amigo, Gali, guía, juguete, Rigo, Tego

Palabras con destrezas enseñadas anteriormente

así, bate, foto, mamá, pala, patada, reposo, su, toca, usa

### Palabras de uso frecuente

Nuevas

ahora, quedan

Enseñadas anteriormente

con, el, un, una, y

## Dale, dale, dale

página 29

### Palabras decodificables

Destreza clave: *Sílabas abiertas con g /g/*

agarra, enseguida, Gabi, Tego

Palabras con destrezas enseñadas anteriormente

bate, cómo, dale, fabuloso, pelota, toma, uno

### Palabras de uso frecuente

Nuevas

ahora, quedan

Enseñadas anteriormente

a, la, qué, un

## Dino, el gatito

página 33

**Palabras decodificables**

Destreza clave: *Sílabas abiertas con d /d/*
da, Dalila, Dani, Dino

Palabras con destrezas enseñadas anteriormente
abanico, anima, le, lo, mima, risa, se

**Palabras de uso frecuente**

Repaso
ahora, con, qué, quedan, tú, un, vente

## Dodó, Dudú y Dadá

página 37

**Palabras decodificables**

Destreza clave: *Sílabas abiertas con d /d/*
Dadá, Dodó, Dudú

Palabras con destrezas enseñadas anteriormente
amiga, amigo, así, bonita, solo, su, sube

**Palabras de uso frecuente**

Repaso
ahora, con, qué, quedan, tú, vente